युग चिंतन

हरी ओम सिंह

BlueRose
Publishers

First Published in September 2020

ISBN: 978-93-900305-8-3

BLUEROSE PUBLISHERS
www.bluerosepublishers.com
info@bluerosepublishers.com
+91 8882 898 898

Cover Design:
Mohd Arif

Typographic Design:
Ayushi Garg

Distributed by: BlueRose, Amazon, Flipkart, Shopclues

सूची

नव संदेश सुनाती है

थपकी देकर द्वार-द्वार पर,उषा भैरवी गाती है
नव संदेश सुनाती है//

आई अब जाग्रति की बेला,सोने वालों जागो रे
नव युग के नूतन प्रभात से, नई चेतना मांगो रे
खिली कमल कलिकायें अगणित, नई विभा मुस्काती है
नव संदेश सुनाती है//

किरणें बिखरी पांत पांत पर, गाते नव खग व्रन्द चले
नव युग का स्वागत करने को, व्रन्द व्रन्द पर फूल खिले
छाया नव उल्लास यहाँ चतुर्दिक, नई लहर ये लहराती है
नव संदेश सुनाती है//

बीती स्याही रात अमावस, नूतन स्वर्ण विहान हुआ
पांच जन्य बज उठा गगन मैं, जागो नव आव्हान हुआ
करुणा मानवता समता की, विजय ध्वजा फहराती है
नव संदेश सुनाती है//

शीत पवन लहरा कर चलती

शीत पवन लहरा कर चलती सिरहन सी भर जाती है
रिमझिम-रिमझिम बूंद बरस कर नयी जान दे जाती है//

हर पौधा फिर से हरा-भरा हुआ, हर डाली मुस्काई है
मोर नाच-नाच कर मोहित करता भौरे ने गूंज उठाई है
हरे-भरे परिधान पहनकर दुल्हन सी धरा सज आती है//

कोयल ने कू कू कर अपना राग मधुर फिर से छेड़ा
ऋतु वसन्त ने फिर से आकर डाल दिया अपना डेरा
तितली चहक-चहककर घूमें इधर-उधर मंडराती है//

एक उमंग सी छाई नभ में मानो बहुत हुआ ये खुश है
कोयल नई आ गई फिर से मिट गया अन्तस का दुःख है
मलयागिरि से हवा गूंज कर सबको ये संगीत सुनाती है//

वन चर जल चर हुए मगन सब किलकारी सी भरते हैं
होकर विकल महा आनन्द मैं मिल कर क्रीड़ा ये करते है
दुःख सारे मिट जाते सबके जब ऋतु हेमन्त आ जाती है//

कितनी सुन्दर पावन अपनी

कितनी सुन्दर पावन अपनी, भारत भूमि महान
मिट्टी में उगते हैं जिसकी, एक से एक महान//

जन्म हुआ यहाँ रामचन्द्र का, धर्म ध्वजा फहराई
दानवता का दमन किया, तब मानवता मुस्काई
वह मर्यादा रखने वाले थे, वो आर्य पुत्र संतान
कितनी सुन्दर.........................भूमि महान//

इसी धरा पर हरिश्चन्द्र ने, सत पथ हमें सिखाया
नारी पुत्र सहित काशी में, खुद को जा बिकवाया
देता है हमें प्रकाश अभी तक, वाल्मीकि का ज्ञान
कितनी सुन्दर.........................भूमि महान//

हुये कृष्ण अवतार यहीं पर, बंशी मधुर बजाई
महाभारत रचवा कर खुद ही, गीता हमें सुनाई
अर्जुन को सम्मान दिलाया, धन्य कृष्ण भगवान
कितनी सुन्दर.........................भूमि महान//

हुये कपिल जेमिनी यहाँ पर, विश्वामित्र वशिष्ठ
भरत, दधीचि, कर्ण वीर, भये अंजनी पुत्र बलिष्ठ
रामकृष्ण, दादू, कबीर, भये, दिया हमें सदज्ञान
कितनी सुन्दर.........................भूमि महान//

याज्ञ वालके, पाणिनी से ज्ञानी हुये, हुये यहीं रैदास
भीष्म, द्रोण, चाणक्य, सूर भये, हो गये तुलसीदास
रामतीर्थ, विवेकानन्द, कबीर से, हुये यहाँ विद्वान
कितनी सुन्दर..........................भूमि महान//

राणा और शिवाजी हो गये, हुये यहीं गाँधी और सुभाष
भगत सिंह असफाख आदि ने, किया न कम था त्याग
नानक और रहीम भये, हुये यहाँ पर ही टीपू सुल्तान
कितनी सुन्दर..........................भूमि महान//

माता और वहिने भी यहाँ पर, एक से एक महान हुयी
अनुसुइया, सीता, सावित्री, और गार्गी सी विद्वान हुयी
पन्ना, जीजाबाई और तारा ने, दिया यहीं कड़ा इम्तेहान
कितनी सुन्दर..........................भूमि महान//

लक्ष्मी और अहिल्या ने भी, यहीं चमकाई तलवार
मीरा ने भी सीखा दिया, हमको आलोकिक प्यार
इंद्रा जी ने भी जन हित में, दिया खून का दान
कितनी सुन्दर..........................भूमि महान//

अन्तः दीप वन स्वयं जली

देने जीवन को मिठास वह, बनकर मिसरी सदा घुली
तम से भटक न पाये कोई, अन्तः दीप वन स्वयं जली//

सदा गंध ही बांटी उसने, इस जीवन के उपवन को
दु:ख दर्दो को खाद बनाया, आँसू से सींचा मन को
पीड़ा पी सौन्दर्य बखेरा, ऐसी है वह विमल कली//

अघर्य चढ़ाया जीवन भर, पर पाया प्रसाद बस अंजलि भर
रही पूजती पत्थर तक को, किन्तु नहीं मिले ईश्वर इनको
और देखिये लगन इनकी, पल भर अपने व्रत से नहीं टली//

जला दिया व्यक्तित्व भी हँसकर, परिवारों के शांति यज्ञ में
नम्र भाव वह देखकर यह कहती, दीन हीन मैं और अज्ञ में
चला कौन है कब इसके माफिक, वह तो सबके अनुसार चली//

ममता का झरना झरता है, सरिता सद्भावों व करुणा से
श्वेत कमल सा सरल हृदय- कृति दिव्य दृष्टि संरचना की
सबको माता स्नेह सुधा दे, वह खुद करके विष पान पली//

करो पूजा जो नारी की

करो पूजा जो नारी की, तभी कल पान पाओगे
उमंगें जाग जायेंगी, एक नया विज्ञान पाओगे//

करी सीता की जो पूजा, तो राम ने रावण को मारा था
बनाया जब भेष नारी का, तो भस्मासुर को जलाया था
करोगे प्रेम यदि सच्चा, तो आलोकिक शक्ति को पाओगे//

कृष्ण ने शक्ति पहचानी, तो राधा को मनाया था
प्रेम सच्चा क्या होता है, यही जग को बताया था
आत्मा एक हो जाये तो, एक नयी अनुभूति पाओगे//

पुरुष की शक्ति नारी है, यही शंकर भी समझाते
करो अपमान इसका तो, दक्ष से भूप मिट जाते
उठाओ भाव नारी का, तो नयी शक्ति बनाओगे//

इसी से विश्व रचता है, यही पालन करती है
इसी से जन्म मिलता है, यही राखी बंधाती है
इसी के साथ मिलकर, नयी दुनिया बसाओगे//

करो अपमान मत इसका, गिराओ मुल्य मत इसका
जलाओ मत इसे तुम घर में, रूप बहुमुल्य है इसका
न भटकाओ तुम इसको, नहीं तुम स्वयं भटक जाओगे//

गरीबी श्राप होती है

गरीबी श्राप होती है, इसे तुम जल्दी मिटा डालो
करो श्रम टूटकर तो, निश्चय धन को तुम पालो
त्याग दो हीन भावों को, भावना स्वच्छ कर डालो
करो तुम त्याग यदि अपना, न उर में ईर्ष्या पालो
लगन लक्ष्य में कर लो, न मन की चाल में चालो
करो सदुपयोग क्षण-क्षण का पसीना तन से बह जाये
निराशा मत भरो मन में, सफलता स्वयं आ जाये
करोगे काम की चोरी तो, आलस मन में आ जाये
चले न यूँ हीं बैठ कर काम, दीनता बढ़ती ही जाये
मनोरथ पूर्ण होएंगे तुम्हारे, उठो पुरुषार्थ कर डालो।।

जगत जननी तू ही सब की माँ

जगत जननी तू ही सब की माँ, तू ही सब को बनाती है
तू ही करे उद्धार सबका, तू ही अम्बे, भारती, कहलाती है//

बढ़े जब पाप धरती पर, तू ही उसको मिटाती है
जो अत्याचार होता है, तू ही सब देखती रहती है
जुल्म रावण जैसे पापी के, तू सीता बन के सहती है//

तू पुत्र हनुमान सा देकर, लंका को जलाती है
तू ही द्रौपदी बने आकर, महाभारत रचाती है
तू रख कर रूप दुर्गा का, असुर जग से मिटाती है//

तू रख कर रूप राधा का, कृष्ण को भी बुलाती है
कभी चंडी, कभी दुर्गा, कभी तू काली भी बनती है
कभी मीरा बन कर तू, हम को भक्ति सिखाती है//

तू ही कर्ता तू ही धर्ता, तू ही कण-कण में बसी माता
मिले तेरे जो पग मुझको, तो त्राश अन्तस का मिट जाता
भरो उत्साह तुम जन-जन में, यही माँ हमसे कहती है//

झूमने मन अब लगा

झूमने मन अब लगा, खुशियाँ नयी छाने लगीं
गम की दीवारें पलट, मुस्कान भी आने लगी//

जब से हमको वो मिले, न जाने क्या जादू कर दिया
ना कोई गम टिक पाया, फिर उल्लास ऐसा भर दिया
कोयल भी अवसर देख कर, नव गीत फिर गाने लगी//

हम तो तरसते थे बूंद को, बरसात उनने छेड़ दी
हम जाने लगे जग छोड़कर, आये तभी न देर की
ऐसे नहीं जा पाओगे तुम, आवाज कोई कहने लगी//

क्यों हार बैठे अभी से, आगे बहुत संग्राम है
तुम सूर हो लड़ते रहो, लड़ना ही तेरा काम है
डट जाओ संग्राम में, आवाज वह कहने लगी//

जीवन भी एक संग्राम है, संघर्ष करना सीख लो
करके कर्म निष्काम तुम, मत दया की भीख लो
कायर न बन फिर वीर से, आवाज ये घुर्राने लगी//

बस मिल गयी हमको दिशा, फिर भटकने से रुक गये
जितने थे गुब्बारे दिल में, पल भर में ही सब फूट गये
चलने लगे आगे को फिर हम, मंजिल निकट आने लगी//

दशा नारी की गिरती देख

दशा नारी की गिरती देख, ये मेरे आँसू छलक जाते हैं
तू कितनी विवश है, अब भी न नर कुछ तरस खाते हैं//

तेरी पूजा रही जब तक, तो भारत स्वर्ण उगता था
सभी सम्मान करते थे, न कोई अपमान करता था
तू अनुसुइया, तू ही सीता थी, सभी इतिहास गाते हैं//

दिया था जन्म तूने ही, राम और कृष्ण जैस को
तूने ही भीष्म को उपजाया, उगाया कर्ण जैसो को
देख कर कुन्ती के पूतों को, शेर भी दहल जाते हैं//

हुआ अपमान जब तेरा, तूने अपना रूप बदल डाला
विलासी वना दिया नर को, किया नयनों से मतवाला
हुआ पर तन्त्र फिर से भारत, मुगल साम्राज्य लाते हैं//

दु:खी देखा जो भारत को तो, शिवाजी को भी उपजाया
किया बलिदान फिर अपना तो, फिर राणा भी उग आया
समय की देखकर विषमता को, सुभाष गाँधी भी आते हैं//

जलाया तूने घर-घर में, न समझा इसकी कीमत को
न समझा मूल्य नारी का, हुआ क्या तेरी नियत को
न समझा प्रेम की कीमत, तभी तो धोखा उठाते हैं//

हुये सब स्वार्थी जन हैं तो, नारी को गिरा डाला
बनाया भोग की वस्तु तो, पर्दे पर इसे नचा डाला
गंवा कर शक्ति ये नारी की, हमेशा दु:ख उठाते हैं//

दहेज की बलि वेदी पर

दहेज की बलि वेदी पर, चढ़ रही हजारों नारियां
कितनी लटकाई गईं फाँसी पर, ये हजारों नारियां//

पैसे को भगवान बनाया, ना समझी कीमत नारी की
ये रोग फैलता जाता है, ये बीमारी है महामारी की
जल गयी पैसे के लिये, रोती हैं ये लाखों महतारियां//

अब लाज लूटने नारी की, न शर्म किसी को आती है
बेटों की कीमत मांग रहे, लाखों मानवता शर्माती है
जो कम दहेज बहू लाती है, मिलती है उसको गालियां//

अब इस दहेज के दानव ने, सारी मानवता को निगला है
अब प्राण दान में मांग रही नारी, न दिल इसका पिघला है
इसी लिये तो लाखों कुआंरी, यहाँ पर बन रही हैं बेचारियाँ//

डरी हुयी नारी से हमेशा, यहाँ कायर ही पैदा होंगे
हो जाओ वंचित वीरों से, ना शायर ही पैदा होंगे
ना किया मान नारी का, तो नाराज होय संसारीयां//

देश पर मिटने वालों की

देश पर मिटने वालों की, कहानी याद आती है
देश से प्यार करने की, कला हमको सिखाती है//

भगत सिंह चढ़ गये फाँसी, न शंका काल से खाई
मिट गया देश सेवा में, वह था आजाद एक भाई
चढ़े असफाक फाँसी पर तो करुणा छलक जाती है//

खून देकर शहीदों ने ये जालियाँ वाला बाग भरवाया
लड़े कैसे दुश्मन से बॉस ने हमको सिखलाया
दीवाने बने विस्मिल तो जनता रोष खाती है//

सहे गाँधी ने जीवन भर कष्ट स्वाधीनता लाने को
हवा खायी थी जेलों की, देश को आजाद कराने को
तिलक के सामने पड़ कर ये हुकूमत सहम जाती है//

करोड़ो थे दीवाने वो कि जिनके नाम ना आये
मिटे थे देश कि खातिर जुबां पर उफ्फ ना लाये
कब्र उनकी अब तक हमें देश सेवा सिखाती है//

धन्य वही जन बनता है

धन्य वही जन बनता है, जो पर्मारथ पर चलता है
ठंडी हवायें देने को तुम्हें, स्वम हिमालय गलता है//

इस जग को स्वच्छ बनाने में, गंगा भी गंदी बनती है
रावण का अन्त कराने को, सीता भी कष्ट झेलती है
जन जन को प्राण बाँटने को, सूरज भी तपता रहता है//

तम की बेला में तिल तिल कर, दीपक खुद जलता रहता है
निज देश स्वतन्त्र कराने में, गाँधी भी खुद गलता रहता है
जब सिन्धु स्वयं तपती है, तब बादल का रूप बदलता है//

जब राम स्वयं वन वन भटके, तभी सीता को रावण से छुड़ाया था
झाँसी की रानी ने जब देश की खातिर, खेली तलवारों से होली थी
निज आन-मान-मर्यादा की खातिर, राणा भी जंग लड़ता रहता है//

कब पाया चैन शिवाजी ने, कब किया लोभ भामा जी ने
शिव ने शरीर को दान किया, हड्डी की दान दधीची ने
सच की मर्यादा रखने को, खुद हरिश्चन्द्र भी बिकता है//

मोरह वज ने सुत को चीरा, अतिथी की क्षुदा मिटाई थी
पन्ना ने निज सुत कट वाया, ममता भी देख लज्जाई थी
दुर्वासा का घोड़ा बन कर के, खुद कृष्ण रथों में चलता है//

अग्नि भी ताप बाँटने को, पहिले खुद को ही जलाती है
घर-घर में ज्ञान बाँटने को, मीरा जोगिन बन जाती है
हनुमान परम हित करने में, जीवन का दाँव लगाता है//

भाव अहिंसक करो

भाव अहिंसक करो तभी मन शान्ति पायेगा
हिंसा का बढ़ता भाव देश में क्रांति लायेगा//

जो भोजन के लिये अन्य पशुओं को हनते हैं
ऐसे ही नर व्याप्त देश राष्ट्र में क्रान्ति करते हैं
निज पोषण के लिये जो करते हैं हत्या औरों की
वो श्रेणी में आ जाते हैं ठग चोर और लुटेरों की
जो खायेगा पशु माँस, दुष्ट वह बन ही जायेगा//

गाय और घोड़ा, बकरी भी माँस नहीं खाते
ना छूते हाथी माँस, भूख से चाहे मर जाते
मानव के लिये तो अन्न फल काफी होते हैं
मेवा, घी, मिष्ठान, दूध, फल पौष्टिक होते हैं
यदि खाओगे माँस तो मोटापा आ जायेगा//

खाने वाला माँस दुष्ट मन का हो जाता है
करता है जुल्म दया नहीं मन में लाता है
पचने में भी माँस बहुत कठिनाई देता है
पकने में भी देर अधिक काफी कर लेता है
फल और सब्जी से फिर भी महंगा आयेगा//

होता ऐसा जहर माँस में, इसको भी जानो
जो फैलाता बीमारी को, यह बात सत्य मानो
होते हैं उनको रोग माँस जो लोग नित्य खाते
बीमारी में फँस कर फिर संकट अनेक पाते
फिर अस्पताल में जाकर धन भी गंवायेगा//

कुछ समय के लिये माँस से बढ़ जाती है मोटाई
बौद्धिक, आत्मिक हानि अधिक हो जाती है भाई
फिर आत्मा भी जीवों को अपना रंग दिखाती है
खुद ऐसे ही मरने को तुम्हें वह जा फँसवाती है
मारोगे ओरों को जो तुम खुद फिर बच न पाओगे//

भौतिकता के युग में

भौतिकता के युग में, क्या खोया क्या पाया
कितनी हुई हानि हमें, कितना लाभ कमाया//

आज का युग विज्ञान का युग है, ये तो सभी जानते
हुआ है आज मशीनीकरण विश्व, ये तो सभी मानते
सब काम मशीनों से होता है, हम को सुविधा दी सारी
बड़ी-बड़ी कठिनाई भी विज्ञान के सम्मुख, ये सब हारी
शुक्र चन्द्र की यात्रा के लिये इसने ऐसा राकेट बनाया//

बड़ी-बड़ी नदियों को बांटा बांध भी दिये बनाई
अन्तरिक्ष में जाकर के एक दुनिया नयी रचाई
मथ डाला है महासिन्धु को भी बड़े-बड़े पोतों से
ढूंढ लिये सब रत्न सिन्धु से पनडुब्बी गोतों से
घर बैठे मिले मनोरंजन ऐसा उपकरण बनाया//

बाँधों से विद्‌युत पैदा कर बिजली ली बनाई
मोटर गाड़ी कार यान ने यात्रा सुगम बनाई
बड़ी-बड़ी बीमारी भी विज्ञान के सम्मुख हारी
घर बैठे पवन हवा करे अग्नि पैदा कर डाली
लँगड़े, काने, अन्धे सब को अनुदान दिलाया//

मिले हमें बहु लाभ यहाँ, सुख मिला है भौतिकता से
लेकिन क्या हुयी है हानि हमें, यह देखें आतुलता से

अणु और परमाणु बनाकर मानव ने खुद मृत्यु रची
छोटी-बड़ी मिसाइल से देखो, ये सारी दुनियां थर्राई
होगा नष्ट सभी का जीवन, यदि विश्व युद्ध हो जाये//

अणु युद्ध छिड़ गया अगर दुनिया को फिर कौन बचाये
खड़े राष्ट्र हैं आज सभी लड़ने, इस बारुदी तहखाने पर
बने राख का ढेर राष्ट्र सभी, जरा चिंगारी लग जाने पर
क्या परमाणु बम कम था, जो हाइड्रोजन बम बनाया
भौतिकता के सुख में पड़ हमने, मानवता को ठुकराया//

नैतिकता आदर्श भूलकर, घर में खुद ही आग लगा डाली
न रहा मूल्य नारी का, कुछ तेजाब फेंक कर जला डाला
आत्मा दी ठुकराये सभी ने, काया को ही सब कुछ माना
ना मिलता आज प्रकाश कहीं, दूर तल अंधकार है छाया
न डटें अपने में सारा जग, न परम शांति को मिल पाया//

मची हुई क्यों आज विश्व में

मची हुई क्यों आज विश्व में, आपा-धापी है भारी
स्वार्थों के पीछे पड़ कर हम, फैलाते हैं ये महामारी//

झगड़ रहे हैं आपस में भाई-भाई, प्रेम और स्नेह मिटा
पुत्र पिता को डांट रहा है, ये कैसा नैतिक मूल्य घटा
अश्रु बहाकर माँ कहती है, पुत्र ना मेरा है आज्ञाकारी//

पति पत्नी के झगड़े में, यहाँ परिवार अनेकों टूट रहे
अब माता-पिता का प्यार बँटा, ये छोटे बच्चे विलप रहे
नारी का जीवन मूल्य घटा, लगती है मधुशाला प्यारी//

छोटी-छोटी बातों को लेकर, आपस में पड़ोसी झगड़ रहे
जो अपना था वो गैर किया, कोरी बातों में ये अकड़ रहे
जो चले मुकदमा आपस में, तो बर्बाद हो ये दौलत सारी//

बड़े-बड़े नेता आपस में लड़ते, कुर्सी को हथियाने में
ना प्यार राष्ट्र से कोई करे, चाहे लगे आग जमाने में
न देखे कोई फिर मुड़ के भी, दुखियारी है जनता सारी//

सब देश व्यस्त है लड़ने में, परमाणु बम बना डाले
अन्तरराष्ट्रीय मिसाल बनी, सब नाग घरों में हैं पाले
अब जरा चूक हो जाने पर, मिट जाये धरा ये सारी//

मत हो आज तू उदास

मत हो आज तू उदास, कर्म फल मिलता है साथी
जो मेहनत तू ने की है, वो कभी बेकार नहीं जाती//

जीत हार का धंधा तो चलता ही रहता है
जीवन को बर्बाद निराशा में क्यों करता है
भर ले मन में विश्वास, कष्ट ये कट जाये//

सुख-दुःख की तो धूप-छाँव चलती ही रहती हैं
दिन और रात की घटनायें तो घटती रहती हैं
रख तू इसका ध्यान बुझे ना जीवन की बाती//

साधक वन कर के जो साधना तूने कर ली
जैसा था तेरा भाव, ये झोली वैसी ही भर ली
मत हो आज निराश, अनेकों मिल जाएं साथी//

मुझे छोटा समझ कर मत ठुकरा

मुझे छोटा समझ कर मत ठुकरा
छोटे में निहित सब शक्ति होती है
जो काम सुई से होता है
तलवार कहाँ कर सकती है//

छोटा तो अणु भी होता है
मिट्टी में पड़ा जो रहता है
परमाणु बनाया जब उसका
दुनिया को हिला वह सकती है//

छोटा नहीं जग में है कोई
बेकार नहीं जग में है कोई
जब उच्च भावना बनती है
तब उसमें आती शक्ति है//

मानव जब तक ही छोटा है
जब तक स्वार्थों को रोता है
आ शक्ति मिटे जब स्वार्थों से
तब पैदा हुई विरक्ति है //

सदभाव उभरते जाते हैं
दुनिया को लुटाते जाते हैं

परमार्थ भावना से ही तो
आती परमात्म शक्ति है//

परमार्थ करो जितना जग में
होगा उजियार तभी घट में
आत्म शक्ति तुम पा जाओ
तब समझो अपनी शक्ति है//

मानव तब तक ही छोटा रहता है
जब स्वार्थों में खोया रहता है
दु;ख क्लेषों को बोता रहता है
कांटो में ही सोता रहता है//

युद्ध जीते जो अन्दर का

युद्ध जीते जो अन्दर का, वही रणधीर कहलाता
जो मारे पूत माया के, वही नर वीर कहलाता//

क्रोध और काम को मारे, वासना मन की सव जारे
जीत ले लोह और मोह को, वो अहंता को भी संहारे
करे जो प्रेम जन-जन से, शील वही वरण कर पाता//

मिले चाहे कष्ट जितने भी, न दिल तनिक घबराता
हुयीं जो भूल से गलती, रोज उन पर वो पछताता
सत्य की राह जो चलता, वो प्रभु का स्नेह है पाता//

स्वार्थ अपने को लेकर जो, सदा रोते और कलपते हैं
करें जो पाप दिन प्रतिदिन, न ईश्वर से वो डरते हैं
सहें फिर कष्ट भी एक दिन, इसे कोई रोक न पाता//

सत्य में स्वार्थ भी वो नर, नहीं पहचान पाते हैं
सभी के हित में वो हित अपना, न जान पाते हैं
रहा कब वो सुखी है, जो निर्बलों पर जुल्म ढाता//

जो चाहो चैन से रहना तो, धर्म परमार्थ अपना लो
जो जग से ठोकरें खायें हैं, उन्हें सीने से चिपका लो
जो आये काम दुर्बलों के, उसी को राम मिल पाता//

सुधारो हीन भावों को, बना लो बिगड़ी चालों को
करो निष्काम सेवा तुम, न पीटों कोरे गालों को
बनता भाव है जो उज्ज्वल, धर्म वही जान पाता//

लड़े आपस में यदि हम

लड़े आपस में यदि हम, तो ये भारत टूट जायेगा
चमकता भाग्य का दीपक समझ लो फूट जायेगा//

लड़े घर-घर में यदि हम तो, शक्ति सब क्षीण हो जाये
शांति ना पा सकोगे तुम फिर, बुद्धि विक्षिण हो जाये
गुप्त जो बात है अपनी वो, दुश्मन भी जान जायेगा//

मेरे आपस में जो कट मरे, तो देश बर्बाद हो जाये
न छोड़े क्षुद्र स्वार्थों को, तो वाद सम्वाद हो जाये
न मिटे आपसी कटुता, तो विष फिर फैल जायेगा//

धर्म और क्षेत्र को लेकर, न हम रणनीति छोड़ेंगे
लड़े यदि स्वार्थ को लेकर, तो अपना भाग्य फोड़ेंगे
बनो मत तुम देश के दुश्मन, नहीं इतिहास गायेगा//

करो बलिदान जन हित में, बनो त्यागी राष्ट्र हित में
छोड़ दो स्वार्थ परता को, करो परित्याग जन हित में
भाव संकीर्ण मिट जाये, तो राष्ट्र ये उत्थान पायेगा//

नागरिक जब बने त्यागी, राष्ट्र हित सब में भर जाये
शांति पा जायेंगे हम सब, अशांति स्वर ये मिट जाये
जले तब दीप भारत का, तो विश्व में चमक जायेगा//

विलासी बन गये जो नर

विलासी बन गये जो नर, वो जीवन रस गँवाते हैं
खोकर सार जीवन का, ना सुख दुनिया में पाते हैं//

बुरी आदत जो बना ली है चाह कर छूट न पाती
व्यसन में धन गँवा डाला आत्मा शांति न पाती
विलसते फिर फिरे जग में, ये ठोकरें बहुत पाते हैं//

न मानी बड़ो की सीख, खो दिया भोग में ही जीवन को
इन्द्रियां शिथिल कर डाली, न रक्खा स्वस्थ ही तन को
न कर्म पूरा किया अपना, बीच में ही ये लुढ़क जाते हैं//

तृप्ति भोगों में जो होती तो शांति क्यों नहीं मिलती
नशा दारू में जो होता तो बोतल भी झूमने लगती
न जड़ का है पता कुछ भी मूर्ख नर भटक जाते हैं//

तृप्ति तेरे ही अन्दर है, उसे तू क्यों देख नहीं पाता
क्षणिक सुख में नहीं शांति भोग तुझको है भटकाता
गुरु की शरण में तू जा रे, अमर फल वो ही खाते हैं//

वीर का काम होता है

वीर का काम होता है, न लड़ने से हटे पीछे
घुसे दुश्मन की सेना में, लौट कर न लखे पीछे//

पिता का काम होता है, पुत्र मेधावी उपजाये
बढ़ाता वृक्ष ज्यों माली, ज्यों ही पूत बन जाये
बनाते पूत को ऊंचा, न खर्चे से हटे वो पीछे//

राजा का काम होता है, बना दे राज्य को सुदृढ़
खुशी जन-जन को पहुंचाये, न हो पाये कोई शोषण
करे सेवा वो जनता की, न सेवा में रहे वो पीछे//

गुरु का काम होता है, शिष्य को उच्च विद्या दे
सभी शंका मिटाकर के, महा विज्ञान भी भर दे
बना दे चरित्र भी ऊंचा, न खुद इस में रहे पीछे//

संत का काम होता है, सभी को शान्ति बरसाये
करे तप उग्र वह इतना, न कोई क्रांति आ पाये
जगत कल्याण हित में, वो त्याग से न हटे पीछे//

सफलता क्यों नहीं मिलती

सफलता क्यों नहीं मिलती इसे तुम स्वयं पहचानो
निराशा भर गयी मन में उसे पहले दूर कर डालो//

न तुम दोष दो गैरों को, कमी अपनी ही होती है
करो एकाग्र जो मन को तो मंजिल कदम धोती है
स्वच्छ मन हो गया तो सफलता मिल गयी मानो//

निकाले दोष ना अपने, बुरा अन्यों को कहते हम
स्वार्थ उर में बसा कर परिश्रम भी तो करते कम
भरा है आलस्य जो तन में, उसे तुम दूर कर डालो//

ज्ञान होता कहीं अपना कर्म विपरीत करते हैं
पूर्ण इच्छा नहीं होती क्यों झूठी आह भरते हैं
वचन मन कर्म तीनों को जरा एक कर डालो//

साध लो लक्ष्य तुम अपना, करो संकल्प तुम पक्का
डिगाना अब न अपने को, लगे चाहे सैकड़ों धक्का
न छोटा मन करो अपना, तरंगें ये शांत कर डालो//

हे समय देवता नमस्कार

हे समय देवता नमस्कार-2
करता हूँ झुककर बार-बार, हे समय देवता नमस्कार//

एक समय हरिश्चन्द्र का भी था, सम्राट अयोध्या का जब था
सब राज्य इन्हें सलामी देते थे, अरुण देवराज भी तब डरता था
जब समय बुरा आया उनका तो, काशी में बिकना पड़ा घर द्वार//

नल पर भी समय बुरा आया तो, तेली घर कोल्हू चलवाया
सब यार दोस्त जितने भी थे, सब ने उल्टा रुख अपनाया
हर ओर विपत्ती ने उनको घेरा, खूँटी ने निगला रत्न हार//

यह समय राम पर भी आया, रावण सीता को हर लाया
वह परम पुरुष भी अकुलाया, सीता-सीता कह चिल्लाया
लक्ष्मण के शक्ति दयी मार, चहुं दिशा छाया अन्धकार//

पाँडव भी समय ने मारे थे, जब जुआ युधिष्ठर हारे थे
चीर खिंचाया द्रौपदी का, जब वन डोले मारे-मारे थे
भगवान साथ रहने पर भी, क्यों दिया अभिमन्यु मार//

राणा प्रताप भी रोये थे, जब बच्चे जमी पर सोये थे
रोटी बथुए की खाई थी, जंगल का राज्य संजोये थे
जो घाव लगे थे अंगो में, कैसा था वह संकट अपार//

गांधी जी जब जेल गये थे, तब उपहास उड़ा था क्या कम
सैकड़ो बार धोखा खाया था, और झेला था दु;ख सारे जीवन
बलिदान त्याग की मूर्ति रहे, फिर भी वो गोली के हुए शिकार//

अब क्या होगा भगवान

अब क्या होगा भगवान, लुटी जनता सारी
अब पिक्चर और शराब लगे सबको प्यारी//

भूले हैं धर्म लोग बने अत्याचारी
पीकर सोमरस हो गये व्यभिचारी
सच्ची कहें हम, तो मिलती है गारी
चले कुपंच अकल गयी इनकी मारी
बने सभी लकीर के फकीर यहाँ झूंठ इन्हें अतिप्यारी//

कहें समझ की तो मारन को आवे
उल्टी ये दुनिया हमको धम कावे
झूठे गढ़े सब आरोप हमें लगावे
पागल उल्टा ये सभी हमें बतावे
अरे सच्चे को ये देय फँसाये, हँसे ये दे दे तारी//

झूठे का ये राज चले, झूठे हैं कर्मचारी
झूठे की पिक्चर में, ये नाच रही नारी
देखि सब अंग रहे, है रोटी की लाचारी
पैसे के लालच में, ये बिक रही बिचारी
अब झूठन की हो रही जीत, जाये यहाँ सच्चा हारी//

दारू की बोतल में मस्त लोग हो रहे
कुत्ते की हड्डी में स्वाद लोग ले रहे
जो दिन रात करें काम, मिले नहीं रोटी
झूठे दलाल बैठे यहाँ, खाये रहे हैं बोटी
सज्जन को मिल रहे कष्ट, मजा ले रहे ये जुँआरी//

अब फिर से चाहती है ये माँ भारती हमारी

अब फिर से चाहती है ये माँ भारती हमारी
अनुसुईया सीता सी फिर से उग जाएं नारी//

होती है जमीन जैसी, वैसा ही वृक्ष उगता है
हाँ उर्वरक जमी में ही, बीज फलता फूलता है
कोशल्या, जसोदा सी, हो जाये जो महतारी//

जो राम, कृष्ण से, उग जाये पूत फिर से
हो जाये अंजनी तो, हनुमान होंगे फिर से
नारी ही होती है जग में हर पूत की पिटारी//

होगीं महान माता तो, दिग्गज से सपूत होंगे
कुन्ती सी माता होगी तो, अर्जुन से पूत होंगे
हनुमान, भीम, कर्ण से भी, उग जाएं बलंकारी//

हो जाय माँ महामाया सी, तो संत भी उगेंगे
बुद्ध और महावीर जैसे भी, यहाँ सैकड़ों बनेंगे
पन्ना ने देकर बलिदान भी, हिम्मत न हारी//

रत्नावली ने तुलसीदास से, कवि दिये थे हमको
होती क्या शक्ति नारी की, बतला दिया था सबको
जन हित को ध्यान में रख कर पिय की भी सुधि बिसारी//

मेवाण आज तक सब को जौहर सिखाता
करतूत देख इनकी दुश्मन भी दहल जाता
जीजा ने भी शिव हाथों तलवार ही संम्हारी//

सच्चाई में क्या होता है, ये गाँधी ने माँ से सीखा
लक्ष्मी के सामने पड़ कर, फिरंगी बना था फीका
दुर्गावती ने जन हित में, दे दी जान अपनी प्यारी//

इन्द्रा ने विश्व को, ये फिर से बता दिया था
कमजोर है न भारत, ये सबको बता दिया था
गृह कलह को रोकने में, चाहे गयी थी वो मारी//

हर नारी आज फिर, उत्थान कर ले अपना
गाँधी का अधूरा भी, साकार होगा सपना
फिर धरोहर पुरानी, मिल जायेगी हमारी//

आओ हम सब फिर से सीखें

आओ हम सब फिर से सीखें, प्रेम और सहकार
कटुता, द्वेष, ईर्ष्या मिटे, करना सीखे हम सब प्यार//

आपस में हम सब भाई-भाई, भरत राम बन जायें फिर
हम कृष्ण और राधा जैसा, उत्कृष्ट हृदय विकसायें फिर
भूलों को फिर से नई दिशायें दें, बहते को ले हम उभार//

पुरुषार्थ दिखाये हम फिर ऐसा, आहुती स्वयं की दे डालें
संकट में दुनिया घिरी हुयी, हम उसको आज मिटा डालें
जो दीन दु;खी हैं इस दुनिया में, उनका भी कर दें उद्धार//

जो डरे हुये हैं निर्बल जन, उनको हम धैर्य बंधा डालें
सम्मान करे जग जननी का, गो गंगा आज बचा डालें
करें राष्ट्र की सेवा फिर से, बढ़े परस्पर फिर से प्यार//

हम दीन गरीबों के घर जाकर, पीड़ा हर लावें सारी
करुणा ऐसी फूटे दिल से, बह जाये ये कटुता सारी
हो जावें दु:ख दूर सभी के, यदि जोड़े दिल के तार//

आओ हम सब मिलकर सोंचे भारत के उत्थान की

आओ हम सब मिलकर सोचें भारत के उत्थान की
चलो गरीबी दूर भगाएँ, पूजा हो यहाँ श्रम दान की//

मिल जुल कर सब काम करेंगे
चलो गरीबी दूर करेंगे
अपने श्रम को चलो लगाये मानव के उत्थान को
आओ हम सब मिलकर सोचें भारत के उत्थान की
चलो गरीबी दूर भगाएँ, पूजा हो यहाँ श्रम दान की//

अकर्मण्यता दूर भगाये
खोया हुआ पुरुषार्थ जगायें
जीवन है बहुमूल्य रत्न तुम समझो इस विज्ञान को
आओ हम सब मिलकर सोचें भारत के उत्थान की
चलो गरीबी दूर भगाएँ, पूजा हो यहाँ श्रम दान की//

जब विषय वासना दूर हटेगी
जब सोई हुई नव शक्ति जगेगी
समझ सकोगे तभी शक्ति तुम प्रेम और सहकार की
आओ हम सब मिलकर सोचें भारत के उत्थान की
चलो गरीबी दूर भगाएँ, पूजा हो यहाँ श्रम दान की//

जब स्वार्थ और दुर्भाव मिटेगा
तो कुख्यातों का जाल कटेगा

यदि बढ़े प्रेम आपस में सबका, मिटें जड़े अज्ञान की
आओ हम सब मिलकर सोचें भारत के उत्थान की
चलो गरीबी दूर भगाएँ, पूजा हो यहाँ श्रम दान की//

होय गरीबी दूर सभी की
पूजा हो फिर से नारी की
अथक परिश्रम करके फिर से, नव शक्ति संजो इंसान की//
आओ हम सब मिलकर सोचें भारत के उत्थान की
चलो गरीबी दूर भगाएँ, पूजा हो यहाँ श्रम दान की//

क्षण क्षण की सब कीमत समझें
आओ भाग्य देश का पलटें
भारत माँ के पूत सभी जय बोलो हिन्दुस्तान की
आओ हम सब मिलकर सोचें भारत के उत्थान की
चलो गरीबी दूर भगाएँ, पूजा हो यहाँ श्रम दान की//

आगे ही बढ़ते चलो साथियों

आगे ही बढ़ते चलो साथियों, चलते चलो
आती है कठिनाई तो सामना करते चलो//

ना गम करो तूफान की, ना धूप की, ना छाव की
चट्टान हो सामने तो, रोको न गति निज पांव की
हर मुश्किलों को चीर कर, आगे ही तुम बढ़ते चलो//

घबराना मत श्मसान में, निज आन में दृढ़ता करो
फँसना नहीं भ्रम भूत में, निज ज्ञान की रक्षा करो
आ जाये यदि नदी सागर भी, पुल बांध आगे बढ़ो//

ठग और बागी चोर लुटेरों से, मत प्रेम कर लेना कभी
मंजिल में ही ठग जायेगा, लुट जायेगी सम्पत्ति सभी
जिसकी हो आत्मा सभ्य, तुम खुद से प्रेम उन्हें करो//

ना मोह रखना प्राण का, सुख का, न लखना मुख कभी
आशा को तज न देना तुम, सत पर रखो विश्वास भी
साथी मिले सच्चा कोई तो, साथ उसका तुम करते चलो//

खोना नहीं विश्वास को, निज आस को रखना सुखद
तुज को पहुँचना है वहाँ, जहाँ से फूटता खुद सवद
तेरी मंजिल है सत्य की, सत पथ पे ही बढ़ते चलो//

आज हम सब लड़े धर्म की आड़ में

आज हम सब लड़े धर्म की आड़ में
धर्म क्या है, ये हमको पता ही नहीं
सत्य को खोज कर धर्म देता हमें
सत्य की राह पर कोई चलता नहीं//

स्वार्थ होता जहाँ, पाप होता वहाँ
भाव निस्वार्थ से पाप कटते सभी
स्वार्थ जैसा भी हो, स्वार्थ तो स्वार्थ है
स्वार्थ से सत्य को देख पाता नहीं
लोग झूठी महानता को पुजवा रहे
दिल में ईश्वर कभी इनके आता नहीं//

कोई अल्लाह कहे, कोई ईसा कहे
सत्य का धर्म दिल में समाता नहीं
कोई नानक का पोता कहाता फिरे
सच्ची मानवता को दृढ़ पाता नहीं
धर्म की आड़ में हम लड़ाई करें
धर्म को तू लड़ाई से पाता नहीं//

सभी धर्मों को जोड़े अगर आज हम
तो क्या इससे धर्म पूर्ण होता नहीं
यदि परस्पर रहे प्यार से हम सभी
तो क्या इससे हमें चैन मिलता नहीं

ढूँढों मानवता सच्ची अगर दिल में ही
जान लो तुम सत्य फिर लोप होता नहीं//

धर्म तो एक है, ब्रह्म भी एक है
पृथ्वी चन्दा कभी लोप होते नहीं
जो बनाता सभी को रचयिता वही
तेरे कहने से भी खंडित होता नहीं
धर्म मानव का तो शुद्ध परमार्थ है
बिना परमार्थ के सत्य पाता नहीं//

आओ हम सब मिलकर सोचें

आओ हम सब मिलकर सोचें, मानव की कुछ कमियों को
आओ सब मिलकर सुलझायें, उलझी जीवन की कड़ियों को//

अन्धी भेड़ो की पंक्ति में, खड़े हुये सब मानव हैं
बिना प्रकाश बने अंधे हम, नर पामर अरु दानव हैं
बिना विचारे बढ़ते जायें, तो होगी बड़ी हानी हमको//

दिशा न पाई अब तक हमने, जो इसीलिये हम दुःखी हुये
मन के चक्कर में धोखा खाकर, हम अपने मन मती हुये
क्षण भर के सुख में सब डूबे, ना दिशा दे सके जीवन को//

बजती जाती शहनाई है, विज्ञान और दानवता की
बस यही बड़ी कठिनाई है, ना इज्जत की, ना मानवता की
लेकिन कल क्या होगा समझो, जब होगा कष्ट बड़ा हमको//

मानवता जब मिट जायेगी, नैतिकता भी छिप जायेगी
मानव मानव को खायेगा, तब शांती कहाँ रह पायेगी
जब राज्य असुरता का होगा, फिर कष्ट रहे सारे जग को//

लेकिन फिर होगा भी क्या, रोने और कलपने से
बन्दी हम सब बन जायेंगे, ना छूटें माला जपने से
मानवता कहती है पुकार, आओ हम सब पियें मृदु जल को//

जब मानव मानव से प्रेम करे, तब निःसंकोच सब नर विचरै
मानव के बीच न अन्तर हो, सब बने स्वच्छ और निखरें

ना कोई किसी से बैर करे, तब शांति मिलेगी हम सब को//

स्वार्थ का भाव तजे सब ही, ईर्ष्या की अग्नि मिटे तब ही
शंका का दोष तजे हम सब ही, धोय जीवन को कल ही
भय भागेगा सब के दिल का, अरु शांति मिले मानव तन
को//

जब मानव मानवता को अपनायेगा, स्वयं स्वच्छता आयेगी
जब प्रेम करे हम सब मिलकर, तब ये अशांति मात खायेगी
सब अपनी अपनी सीमा में होंगे, फिर संतोष बड़ा होगा हमको//

ना कोई किसी से झगड़ेगा, ना कोई किसी का हड़पेगा
जब शांति स्वयं आ जायेगी, ना विश्व युद्ध फिर भड़केगा
उस दिन ही धन्य बनें हम सब, विज्ञान मिले अत्यात्म को//

एक देश जब दूसरे देश की सीमा पर घात करे
वही क्रिया प्रतिक्रया बन कर, युद्ध रूप प्रतिघात करे
अणु और परमाणु मिसाइल, करे खत्म मानवता को//

ना बचे कोई मानव जग मे, फिर इस उन्नति का क्या
उन्नति अवनती बन जायेगी, तब क्या होगा इस दौलत का
विज्ञान शुद्ध जब ही होगा, जब देखे सब अपनी कमियों को//

जब धरा स्वर्ग बन जायेगी, मानवता भी बच जायेगी
देवत्व जगे जब मानव में, तब स्वयं दिव्यता आयेगी
भारत की है आवाज यही, सब मैटें मिलकर कमियों को//

आयी है दीपावली

आयी है दीपावली-2
घर-घर में उजियारा फैला, अब खिली है कली-कली

लौटे राम अयोध्या इस दिन, कैसा सुन्दर पर्व था
मिटा दिया रावण सा पापी, भारत माँ का गर्व था
देव स्वतन्त्र हुये थे सारे, घर-घर में खुशियाँ मनी//

राम राज्य आया था भू पर, सभी स्वतन्त्र हुये थे
दानवता मिट गयी धरा से, मानव पर तन्त्र हुये थे
सजी धरा ये खुश होकर, सुन्दर दुल्हन सी साँवली//

प्रेम के दीप धरा पर, दीपावली ये सिखाती
मिट जाये सारी कुख्याये, सब बने देश के साथी
फिर से पैदा करो राम तुम, है जगदम्बे काली//

आये फिर से राम राज्य, जो भूमंडल पर छाये
हो पैदा फिर एक बार, जो रामायण लिखवाये
दे सपूत फिर ऐसा कोई, हे अम्बे माँ शेरों वाली//

भारत भू चाह रही इस समय, एक नया परिवर्तन
हो सूरज पैदा ऐसा कोई, जो कर दे फिर प्रत्यावर्तन
उर में भरे प्रकाश सभी के, घर-घर में हो उजियाली//

दीपक जलें सपूतों के फिर, दानवता का नाश हो
देश प्रेम सब में भर जाये, मिलकर बैठे पास हो
सच्चे दीप जले अन्तर में, सब भरे दीप की थाली//

करो उपयोग जीवन का

करो उपयोग जीवन का, समय फिर हाथ न आयेगा
न कल पर छोड़ तू कुछ भी, काम शुरू न हो पायेगा//

करो उपयोग क्षण-क्षण का, लगा तू उद्देश्य में मन को
अथक श्रम कर दिखा सबको, बना ले धन्य जीवन को
भरोसा रख निज बल पर, आस औरों की क्यों करता
अधूरे मन से श्रम करके, बिगड़ा काम कोई नहीं बनता
खो गया जो समय तेरा, वो फिर से लौटकर न आ पाये//

न रोना रो परिस्थिति का, स्वयं पुरुषार्थ कर दिख ला
साध ले लक्ष्य फिर अपना, तू कर एकाग्र मन अपना
साधना निज में ही कर तू, न हो पाये काम औरों से
तू सुलझा खुद समस्यायें अपनी, न रख आस गैरों से
वनी की दोस्त है दुनिया, न दु;ख में काम कोई आये//

खुद के काम खुद ही से, सही ढंग से सुलझते हैं
आस गैरों की जो करते, वो बीच में ही उलझते हैं
समय कुछ आया ऐसा, कि दुनिया हो गयी स्वार्थी
वनी में दोस्त सभी वनते, न बिगड़ी में बने साथी
निज शक्ति जगा अपनी, तो बिगड़ा काम बन जाये//

निराशा भर न तू मन में, न कुछ बिगड़ा अभी तक है
भरोसा कर तू ईश्वर पर, तो झुक जायेगा सभी जग है
वही ऐसा दयालु है, जो देता सभी को सहारा बिगड़ी में
वही तुझ को बचायेगा, न फँस तू माया की तिगड़ी में
मिले परमात्मा यदि मुझे तो, जीवन लक्ष्य मिल जाये//

करो कर्म उज्ज्वल तुम

करो कर्म उज्ज्वल तुम तो पूरे लक्ष्य सभी होंगे
सब के सुख की करे कामना सुखी तुम तभी होगे//

प्रकृति और पुरुष का ये सम्बन्ध मधुर है भाई
जब दोनों मिलते हैं तो मिल जाती है सच्चाई
मानव करता कर्म उच्च तब होती प्रकृति प्रसन्न
जब गिर जाता है कर्मों से तो हो जाती है खिन्न
यदि प्रकृति होगी रुष्ट तो फिर हम दुखी सभी होंगे//

यदि करे कर्म हम हीन फिर प्राकृतिक प्रकोप बढ़े
फिर उन्नति की सीमा पर बोलो कैसे लोग चढ़े
सोचोगे कुछ होगा, कुछ यदि बिगड़े सम रसता
छूट जाय मधुमय रस जीवन में बढ़ जाये कटुता
बिगड़ जाय सम्बन्ध प्रकृति से तो सुखी नहीं होंगे//

चारों ओर बढ़ेंगे झगड़े, होगी मारा मारी
वातावरण विषाक्त बनेगा फैलेगी महामारी
मानव स्वार्थों में खोकर यदि करे कर्म खोटे
टूटेगा जब सम्बन्ध प्रकृति से हो जायेंगे वोटे
फिर देश और परिवार राष्ट्र में बँटवारे होंगे//

प्रेम घटेगा आपस का फिर शुष्क बने जीवन
अनावृष्टि होगी फिर कैसे यहाँ फूलेगा मधुवन

संतुलन बिगड़ जाये यदि तो प्रकृति बिगड़ जाये
आयेंगे फिर भूकम्प त्रस्त जन जीवन हो जाये
कहीं छिड़ेगे युद्ध आन्तरिक, कहीं कलह होंगे//

यदि चाहो उत्कर्ष तो मना फिर लो प्रकृति को तुम
जीवन बन जाये धन्य करो यदि कर्म उच्च फिर तुम
होगी प्रकृति प्रसन्न तो फिर देगी तुम्हें वरदान अनेक
इच्छा सब फिर पूरण होगी तुम्हारी ना रहे कोई अवशेष
मिले प्रकृति और पुरुष तो सब आनन्द मग्न यहाँ होंगे//

करो संकीर्ण मत मन को

करो संकीर्ण मत मन को, नहीं तो लक्ष्य खो जाये
न छोड़ो स्वार्थ तुम अपना, तो दिव्यता कैसे आ पाये//

गन्दगी जो भरी मन में, प्रथम तुम उसको धो डालो
लगा लो लक्ष्य में मन को, व्यर्थ के भाव मत तुम पालो
करो सेवा गरीबों की, सहारा दो उनको भी जो बेसहारा हों
दिखाओ उन्हें भी सही रस्ता, जो अपने लक्ष्य से भटका हो
प्रेम जन जन को तुम बाँटों, तो लक्ष्य की राह मिल जाये//

जो भूले रास्ता अपना, उन्हें तुम राह दिखलाओ
अंधेरे में पड़े जो घर, दीप बन उन के घर जाओ
बिलखते पूत जो लाखो, सांत्वना दो उन्हें जाकर
कभी अभिमान मत लाओ, यश समृद्धि को पाकर
बचा लो आज तुम उनको, जो लाखों ठोकरें खाये//

न ईर्ष्या द्वेष तुम रखो, बुरा जो भी कहे तुम से
करे यदि घात भी कोई, घृणा तुम मत करो उनसे
बुरा चाहे जग कहे तुम से, करो मत बुरा मन को
श्रेष्ठ आदर्श को मानो, महत्व तुम दो नहीं धन को
रहे आदर्श यदि ऊँचे, तो ये धन तो स्वयं ही आये//

कष्ट चाहे मिले जितने, धैर्य से सहन कर लो तुम
साथ चाहे छोड़ दे साथी, न पथ अपना बदलना तुम
सत्य की राह चलने में भाई, परीक्षा सब की होती है
सभी को कष्ट मिलते हैं, सभी की शान्ति खोती है
मिलेगा लाभ भी तब ही, जो परीक्षा पास हो जाये//

करो संघर्ष यदि जीवन में

करो संघर्ष यदि जीवन में, तो सफलता स्वयं आयेगी
करो संकल्प यदि पक्का, तो मौत भी मात खायेगी//

न ऐसा काम है कोई, जिसे तुम कर नहीं पाओ
करो सच्ची लगन अपनी, न कोरे गीत ही गाओ
रखो लक्ष्य निज उर में, तो मंजिल स्वयं आयेगी//

करो बर्बाद मत यूं ही समय, ये कीमती है अपना
न कोरी कल्पनाओं से संजोते, मत रहो यूँ ही सपना
गहो यदि तुम कर्म की धारा, तो चिंता क्यों सतायेगी//

विहन बाधायें गर आये तो, कर्तव्य पर तुम जाओ
कहे कटु शब्द भी कोई तो, शान्ति से गहन कर जाओ
न छोड़ो तुम यूँ पथ अपना, कभी तो ये राह पायेगी//

काम जो भी हो निज कर में, उसे जल्दी ही निपटाओ
काम छोटा बड़ा देख कर तुम, न घबराओ न शर्माओ
लगाओ कर्म में निज मन को, तो मंजिल आ ही जायेगी//

करो हत्या न अब इतनी

करो हत्या न अब इतनी, नहीं तो नर पशु कहाओगे
न मारो तुम दीन हीनों को, नहीं तो दु:ख उठाओगे//

जो हैं निर्दोष बेचारे, स्वयं आफत के हैं मारे-मारे
मारते क्यों इन्हें जाते, दया दिल में क्यों न लाते
करो विश्वास हिंसा में, तो शांति पथ भटक जाओगे//

धर्म का नाम लेकर जो, खुदा, गुरु का नाम देकर जो
भटकाय रहे पथ से लोगों को, स्वयं रहे पाय भोगों को
जरा वो सोच लें थम कर के, खुदा के घर भी जाओगे//

धर्म की आड़ लेकर जो, स्वार्थ में वह कर वों
करें हत्या जो औरों की, मंडली है वो लुटेरों की
मानोगे बात ऐसों की, तो धर्म से भटक जाओगे//

जो चाहो धर्म पाना तुम, तो हिंसा से हट जाना
करो सेवा गरीबों की, न हत्या करना तुम जीवों की
धर्म मिल जाये तब खुद ही, यूँ भूली राह पाओगे//

शिष्ट व्यवहार रखना तुम, सदा भ्रम से दूर रहना तुम
स्वार्थ से दूर हट कर के, त्याग का मार्ग अपनाना तुम
धर्म खुद ही मिले आकर, जब तुम देश के काम आओगे//

धर्म है देश का पहले, तू इसको जान ले पगले
व्यर्थ क्यों भटकता ऐसे, धर्म नहीं मिल सका ऐसे
समझ लो धर्म की जड़ को तो, स्वयं ही राह पाओगे//

जो स्वार्थी लोग हैं जग के, लूट ले जायेंगे सब ठग के
न बातो में उनकी आना तुम, कहीं यूं फँस न जाना तुम
बना लों लगन सच्ची जो तुम, तो स्वयं नारायण भी पाओगे//

जाग जाओ सपूतों

जाग जाओ सपूतों, अब क्यों सो रहे
आज दुश्मन कलह बीज फिर बो रहे//

डालने फूट आपस में फिर से लगे
धर्म भाषा में फिर से फँसाने लगे
शोले घर में फिर से लगाने लगे
भोले युवकों को गुमराह करने लगे
भाई-भाई ही आपस में क्यों लड़ रहे//

जाति क्षेत्रों को लेकर न लड़ना कभी
बस इसी कमी से तो गुलामी मिली
होगा अंजाम क्या ये सभी तो जानते
जान कर भी फिर ये क्यों नहीं मानते
हुक्म अब तक तो विदेशी चलाते रहे//

लाने स्वाधीनता कितने मारे गये
मारे लाखों हमारे कितने सितारे गये
जो लड़े अभी तो फिर गुलामी मिले
हुक्म फिर से विदेशी न बाँधों गले
राह आ जाओ सीधी भटक जो रहे//

भारतवासी सभी एक बन कर रहो
न आओ बात गैरों की, मिलकर रहो

संगठन से ही शक्ति बने देश की
भूल कर न बात मानो परदेश की
त्याग बलिदान की आन फिर से रहे//

जो लड़े आज तक देश हित के लिये
स्वार्थों को त्यागा जन हित के लिये
ऐसे ही तो देव मानव ये कहाते रहे
पूजा घर-घर में ये अपनी कराते रहे
महामानव वही है जो समर्पित रहे//

राष्ट्र सेवा में गर जान भी जायेगी
भारत माँ गीत उसके मधुर गायेगी
गर जो आपस में लड़ते मर जाओगे
मुर्ख, स्वार्थी और दानव कहे जाओगे
होगी पूजा जो जन हित में मरता रहे//

ढर्रा पुराना जो पड़ा है

ढर्रा पुराना जो पड़ा है आज उसको बदल डालो
आदतें दूषित हुई जो संघर्ष कर बाहर निकालो//

हे मनुष्य मत रो अभी से, समय तो बाकी अभी है
जो बदल डालोगे ये ढर्रा पा जाओ मंजिल अभी है
जा रहे हो राह जो तुम आज उसको बदल डालो//

रास्ता भटके हो जो तुम, ठहर कर रुक जाओ पल भर
जरा रुक कर यह भी सोचो मुझको है जाना कहाँ पर
न दोष थोपों दूसरों पर, भ्रांतियाँ अपनी ही मिटा डालो//

क्यों चले हो दूसरों की आस पर मोहताज होकर
आस गैरों की क्यों करते रुके क्यों अपहाज होकर
जो भरी है शक्ति तुम में उसे बाहर निकाल डालो//

क्या नहीं है पास तेरे, शक्ति सब तुझमें बसी है
ढूँढ ले उनको ही जाकर, जो तेरे अन्दर में छिपी है
दीप उर में जला कर भूली दिशा को बदल डालो//

दया मन में बसे जाके

दया मन में बसे जाके, वही सच्चा इंसान होता है
जो आवे काम बिगड़ी में, वही तो याराना होता है//

सुखों का स्वार्थी ये जग है, सभी स्वार्थों के साथी हैं
दु:खों में न रहे कोई अपना, ये दुनिया पलट जाती है
विपत्ति जीवन में जब आये, तो सिर्फ भगवान होता है//

रहे भगवान यदि उर में तो दु:ख क्यों सतायेंगे
बने यदि आत्मा सच्ची तो, सब अपने कहायेंगे
जगा मन अब तो सोने से, उम्र क्यो यूँ ही खोता है//

सुधारो बिगड़े भावों को, उजाला हो ही जायेगा
जो भूला रास्ता तूने, किसी दिन पा ही जायेगा
ना माने जान कर भी तो, वही नादान होता है//

मिले भक्ति अगर प्रभु की तो, सब दु:ख टल ही जायेंगे
करो यदि साधना सच्ची तो, स्वयं भगवान भी आयेंगे
करो तुम निष्काम भाव से सेवा व्रत, तभी निर्वान होता है//

देख मानव की करतूतें

देख मानव की करतूतें, आसमां भी दहल जाता
बदलता देख मानव को, विधाता भी बदल जाता//

कर रहा कर्म खोटे ये, न खाता है खोप ईश्वर से
खो दिया ज्ञान भी सच्चा, प्रेम करता है नश्वर से
रहा न ईमान भी अब कुछ, गिरा मूल्य मानव का
जो था देवात्मा पहले, अब रख लिया रूप दावन का
खो गई बुद्धि भी स्थिर, समय पर मानव बदल जाता//

रहे स्थिर न अपने में, ये क्षण-क्षण में बदलता है
निजी स्वार्थ पूर्ति में, ये चाल टेढ़ी ही चलता है
कुचलता है गरीबों को, रहम भी खो दिया इसने
दया करता न जीवों पर, मिटा दी आत्मा इसने
स्वयं की उदर पूर्ति में, मारता ये जीवों को जाता//

धर्म का नाम लेकर ये, ठगे नित ही उदारों को
रोज उपदेश देता है, सुधारे न अपने विचारों को
न देता कुछ सहारा है, दुःखी आफत के मारों को
ठोकरें मारता जाता है, वेद, बाइबिल, कुरानों को
क्षणिक सुख भोग में भूला, अन्त में दुःख ही पाता//

दुःख परिणाम में मिलते, तो देता दोष ईश्वर को
न लखता कर्म अपनों को, बुरा कहता महेश्वर को

आत्मा जो बसी अन्दर, न उसकी बात कुछ मानी
इशारा ना लखा इसका, करें ये अपनी ही मनमानी
भुला दी आत्मा अपनी, तभी तो रहे ये ठोकरें खाता//

बात यह सत्य तुम जानो, कर्म परिणाम देते हैं
वो खाते फल भी वैसे ही, जो जैसे बीज बोते हैं
करें सत कर्म पर हित में, वही नर धन्य होता है
सुख दु:ख का निर्माता भी, कोई अन्य ही होता है
जो बदलते आज मानव तो, दानव युग बदल जाता//

देश में देश भक्तों की

देश में देश भक्तों की, कमी हम को दिखती है
कमी हो गयी सपूतों की, ये भारत माँ बताती है//

सभी मदहोश हैं भाई, न है कोई देश हितकारी
न करना जानता है कोई त्याग, ये कुर्सी है प्यारी
मरें आपस में लड़-लड़ कर, न इनको शर्म आती है//

देश का चाहे जो भी हो, ये फिक्र है अब किसको
मुझे कुर्सी ये मिले कैसे, यही मोह है अब सबको
जो गाये राग ये अपना, तो जनता बहक जाती है//

जो सच्चे पूत जननी के, वे कोने में पड़े रोते
ऐश सब ले रहे नेता, पड़े मखमल पे हैं सोते
देश गड्डे में जाता है, न चिंता कुछ सताती है//

बात लम्बी ये करते हैं, खड़े होकर मंचो पर
बनाते मूर्ख जनता को, सिर्फ झूठे बहानो पर
खाती रोष है जनता, तो कुर्सी पलट जाती है//

न आज गरीबों का है कोई

न आज गरीबों का है कोई, आज हैं ये अनाथ
भटक रहा है अनाथ, कोई न देय विधाता साथ//

अपने श्रम से सींच रहा है फिर भी सारे देश को
प्यार सिखाता स्वदेश से, न देता महत्व विदेश को
चला जा रहा आज अकेला, कोई नहीं है इसके साथ//

देश प्रेम की खातिर अपना खून पसीना बहा रहा
करने को उत्थान देश का सिर्फ अकेला लगा रहा
चलो गरीबी दूर करेंगे, सब करते हैं ये कोरी बात//

होता प्रेम गरीबों से, तो क्यों ये देश गरीब रहा
न कोई मित्र गरीबों का, ये तो बस उपहास रहा
इसीलिये तो बैठे यहाँ आज करोड़ो खाली हाथ//

ना करो निराश मन को

ना करो निराश मन को, संकल्प दिल में लाओ
सोई हुई है तुम्हारी प्रतिभा, उसको जरा जगाओ//

आता है दु:ख कोई, न घबरा उससे जाना
टकराना सीखो उससे, साहस बटोर लाना
जीने की कला सीखो, दु:ख में भी मुस्कराओ//

निर्बल न करना मन को, न कष्ट देना तन को
हम पुत्र हैं भारत भू के, बतलाओ फिर वतन को
जुट जाओ काम में फिर से, आलस्य को भगाओ//

होती है जय उसी की, जो धैर्य को न खोता
करता है कर्म डट कर, निज भाग्य चैन रोता
पुरुषार्थ के सहारे हर, दु:ख को तुम मिटाओ//

ऐसा न काम कोई, जिसको कर न सको तुम
सोई जो शक्ति तन की, जाग्रत उसे करो तुम
बुझ गई जो ज्योति मन की, उसको पुनः जलाओ//

प्रेम इतना करो जग से

प्रेम इतना करो जग से कि ये पत्थर भी पिघल जाये
तपाओ आग में खुद को इतना दोष सारे ही जल जाये//

किसी से द्वेष मत करना, नहीं बदनाम हो जाओगे
भुलाओ लक्ष्य मत अपना, नहीं नाकाम हो जाओगे
साधना मन की सीखो, तो शक्ति अंतर की खुल जाये//

बुरा मत कहो जग से, भला खुद को बना डालो
दोष खुद के मिटा लो तो प्यार सब का तुम पा लो
करो बन्धुत्व को साकार, न ये दुनिया सता पाये//

बहावों में न बह जाना, हालातों में न फँस जाना
भेद ना भेद से जानो, स्वयं शक्ति को पा जाना
न भटको तुम कहीं जग में, राम अन्तर में पाओगे//

शांत मन स्वयं हो जाये, तभी सब भेद खुल जाये
लहरें जब रुके मन की, तो फिर परछाई दिखा जाये
खुदा को भी तभी देखो, जब सारी ये भूल मिट जाये//

बचाओ देश अपने को

बचाओ देश अपने को, नहीं तो ये टूट जायेगा
प्यार आपस में न सीखे, तो भाग्य फूट जायेगा//

जो टुकड़े देश के होंगे, तो सारी शक्ति बिखर जाये
परस्पर जो लड़े हम सब तो, न कोई शांति को पाये
भटकता तू फिरे परदेश सदा ठोकरों को ही खायेगा//

धर्म शांति से बढ़कर के न कोई है दूसरा मानो
देश हित में लगोगे तो तभी तुम धर्म पहिचानो
करोगे त्याग जन हित में तो निश्चय नाम पाओगे//

धर्म कानून होता है जो व्यवस्था के लिये बनता
जो बनता और बिगड़ता, न सर्वदा एक सा रहता
धर्म उत्तम वही होता, जो राष्ट्र के काम आयेगा//

जरूरत सभी धर्मों को आज मिलकर रहने की
समन्वय प्रेम से कर लो, न है बात कहने की
दिलों का भाव जुड़े तो, ये देश आनन्द पायेगा//

बुरा तुम क्यों कहो जग से

बुरा तुम क्यों कहो जग से, बुरा अपना ही दिल होता है
शोधना जान लो विष को तो, दवा का काम वो करता है//

घृणा तू क्यों करे जग से, तेरा दिल कौन सा अच्छा
स्वार्थ कितने भरे इसमें, भरा है मैल, न है तू सच्चा
बड़ा बन कर न कर अभिमान, बड़ा परमात्मा होता है//

न कोई हरिजन, न कोई ब्राह्मण, न जाति मानव की होती
ब्रह्म तो व्याप्त कण-कण में, न कोई क्षत्री, न कोई कोली
भावना जो करे अपनी उज्ज्वल, वो उतना ही उच्च होता है//

करे हत्या जो नर जीवों की, रोज जो माँस खाता है
बने ब्राह्मण फिरे मन में, न ब्रह्म को समझ पाता है
बन पाया ना जो ठीक से मानव, वही तो शुद्र होता है//

जन्म क्षत्री के घर लेकर करे न रक्षा जो जीवों की
वेश्य बन कर यूँ क्या होता है, न सुनता गरीबों की
भरी जब पाश्विक वृत्ति तो मानव भी नहीं होता//

भावना उच्च जितनी हो, उच्च उतने ही बन जाओ
त्याग बलिदान कर यदि तुम देश के काम आ जाओ
करो सेवा जो तुम निष्काम, न उससे कोई बड़ा होता है//

मत हो तू आज उदास, असुरता जाने वाली है

मत हो तू आज उदास, असुरता जाने वाली है
मिट जाये अत्याचार, मनुष्यता आने वाली है//

पतझड़ हो जाने पर ही तो आती है वसंत ऋतु
सदा नहीं रहता है अंधकार, उगता है सूरज भी
दुराचार और पाप अधिक बढ़ जाते हैं जब भी
ईश्वर लेता है अवतार, पाप मिट जाते हैं तब ही
रावण राम कथा फिर से, यहाँ पर दोहराने वाली है//

हुये कर्म से हीन सभी, यहाँ दानवता ने घेरे
जग है सारा भयभीत, बना परमाणु बम है रे
अब राजनीति भी, इतनी गंदी होती जाती है
मानव हित के सिद्धान्त मूल सब खोते जाते हैं
सब हुये स्वार्थ में लीन, यहाँ मूढ़ता आने वाली है//

भौतिकता के सुख में ही, सब मस्त हुये भाई
आत्म शान्ति के सभी खजाने, मैंट दिये भाई
मानवता को भूल कर, ये सभी बने हुये दैत्य
सब भ्रमित हुये दिशा से, मूढ़ता बढ़ती जाती है
बिना सफाई उज्ज्वलता फिर कैसे आने वाली है//

झूठे सुख में सुख, सब ही ने मान लिया भाई
क्षण भंगुर सुख में ही, हो गये मोह ग्रस्त भाई
सब माया ने घेर लिये, बुद्धि सब की ही चकराई
बिना आत्म सुख, शान्ति कहीं किसी ने भी पाई
सत्य ज्ञान बिन बुद्धि सदा, ये भटकाने वाली है//

आज समय यही है कि सब लग जावे सत पथ पर
होकर एक जुट सब लड़े, न ठोकर खाये पग-पग पर
देव शक्ति सब होकर एक जुट, लड़ जाये असुरता से
सब से महत्व का काम तुम यही कर लो व्याकुलता से
पीछे फिर लड़ने को ये आध्य शक्ति भी आने वाली है//

यदि अगर हम यूँ आपस में लड़ते रहे

यदि अगर हम यूँ आपस में लड़ते रहे
टूट कर ये सारी शक्ति बिखर जायेगी//

खण्ड हो जायेंगे देश के मान लो
मौलिकता भी देश की घट जायेगी
फिर से विदेशी सत्ता पनप जायेगी//

झूठे स्वार्थों को लेकर ये लड़ते रहे
आग घर में लगा कर भटकते रहे
धर्म का नाम लेकर नरभक्षी बने//

मानवता को भुला कर ये पशु पक्षी बने
धर्म इंसान का तो सिर्फ शुद्ध परमार्थ है
प्रेम से यदि रहे सब तो शान्ति आयेगी//

दोष अपने को देना हम सीखें अगर
द्वन्द मन के मिटाना हम सीखें अगर
ढूँढ ले अपने ही मन की कमजोरियाँ//

मिट जायेगी सभी ये लूट और चोरियां
मिल के आपस में यदि प्रेम को बाँट ले
चाल सारी ये विदेशी विफल हो जायेगी//

हिल मिल कर सीखें हम रहना अगर
भ्रांति सारी मिटेगी, मिलेंगे हमें गिरधर
मन में फैली अशांति फिर मिट जायेगी//

रुका अब आज रास्ता मेरा

रुका अब आज रास्ता मेरा, न आगे का पता मुझको
फँस गया व्यूह में आकर, पुकारूँ आज प्रभु तुमको//

लगी चहुँ ओर महासेना, न पीछे लौट पाऊँगा
न आगे का पता मुझको, तो बच कैसे पाऊँगा
महारथी एक होकर सब, सामने आ गये लड़ने
महासेना भी दुश्मन की, बाण वर्षा लगी करने
रहा था बाहुबल जब तक, चीरता में गया सबको//

लड़ रहा था मैं अब तक तो, धर्म के ज्ञान के बल पर
चूर हो गये महारथी तो, गये खिसिया सभी मुझ पर
कब तक और लड़ सकूँ इनसे, एक से एक कमर्ठ हैं
धर्म की नीति भी तोड़ी है, एक पर सात एक जुट हैं
मिल सकूँगा न अब माँ से, जीत पाऊँगा न मैं सबको//

मुढ़ूँगा आज यदि पीछे, तो टूटेगा धर्म फिर मेरा
न आगे का पता है मुझको, करूँ कैसे मैं निखेरा
शस्त्र सब हो चुके खाली, हो गये कवच भी ढीले
दहाड़े दे रहा है दुश्मन, शब्द कहता है ये जोशीले
हो रही है बाण वर्षा, तू ही प्रभु आ बचा मुझको//

मरूँगा आज जो रण में, तो राम इतिहास गायेगा
मांगू भीख दुश्मन से, तो दया दिल में न लायेगा
तोड़ दी नीति सब इन्होंने, जो धर्म के धीर कहलाते
धर्म वो भी भुला बैठे, जो द्रोण और कर्ण कहलाते
छोड़ दूँ रण भूमि ये तो, वीरगति न मिले मुझको//

बने विश्व में सुन्दर राष्ट्र हमारा

बने विश्व में सुन्दर राष्ट्र हमारा शान्ति वरदाता
रहे विश्व पर हरदम, ये सुख शान्ति बरसाता//

शक्ति दूत बन कर हर बालक राष्ट्र-राष्ट्रमें घूमें
प्रेम पात्र में लेकर सभी को ये जन-जन को चूमें
नव युग का सन्देश लेकर ये जन-जन तक जाये
लाखों बाधा भी आकर मगर इसे रोक नहीं पाये
सहे सैकड़ों कष्ट रहे, फिर भी ये हरदम मुस्काता//

रामतीर्थ विवेकानन्द से पैदा हों यहाँ फिर से
अध्यात्म और विज्ञान समत्व कर दें फिर से
मानव की संस्कृति बतलाने चल दें घर-घर से
फिर से पैदा हो महावीर, जन्म लें रघुवर से
जलें ज्योति अखण्ड, तो तम कहाँ ठहर पाता//

आज पुकार रहीं दिशा सभी, भारत के पूतों को
युग कर रहा पुकार, आज फिर से युग दूतों को
जागो दूत महादूत, आज फिर से अंगड़ाई लेकर
ना समय आज है सोने का, फिर जम्हाई लेकर
चिढ़ा रहा है तम सारे जग को हरसाता इठलाता//

मानवता सो गयी विश्व की तम जग पर छाया
विश्व युद्ध छिड़ जायेगा, यदि तू ना जग पाया

झूम रहे हैं आज नरों में, राष्ट्राध्यक्ष सभी
परमाणु बम और मिसाइल लिये अन्तराष्ट्र बने
सब लड़ने में ही मस्त, शान्ति ना कोई करवाता//

छिड़ जाये यदि युद्ध विश्व में फिर क्या होगा
छूट जाये अणु बम, नष्ट सारा ही जग होगा
आज लगे हैं राष्ट्र सभी एक दूजे को हनने
हिंसा की ही ओर दृष्टि कर ली है अब सबने
न है ऐसा राष्ट्र जो शान्ति का झण्डा फहराता//

भारत ही ऐसा देश कि जिसमें युग श्रेष्ठा होते
रचना और विनाश सृष्टि के निर्माता यहाँ होते
बुद्ध और महावीर को फिर से उगदे भारत माँ
बन जाये शान्ति दूत तू ऐसा वर दे भारत माँ
देश बने फिर अपना, सारे जग का ही भ्राता//

शक्ति सहकार की समझो

शक्ति सहकार की समझो तो बेड़ा पार हो जाये
सहारा बाँस का पाकर के ये कश्ती पार हो जाये//

चलो सहकार हम सीखेंगे मधुमक्खी और चींटी से
संगठन सीख लें फिर से हम बंदरो की कमेटी से
प्रेम देखे जो इनकी हँसी का तुम्हें आश्चर्य हो जाये//

टिटहरी भी सिखाती है हमें पेड़ पर संघ से रहना
तितिलियाँ भी सिखाती हैं परस्पर प्रेम से रहना
प्रेम देखो जो हिरणों का तो मनु भी शरमा जाये//

करे जो काम मिल जुल कर, प्रेम आपस में रखते हैं
बुद्धि रचनात्मक रख कर के सदा झगड़े से बचते हैं
रहे कर्तव्य पर हम सब तो ये समस्यायें दूर हो जाये//

सो रही हजारों सालों से

सो रही हजारों सालों से, ये भारत माता की नारी
हो रहे जुल्म लाखों इस पर, ना कुछ कहती बेचारी//

है पराधीन अब नारी, नर इस पर शाशन करता है
ये भीख दया की मांग रही, फिर भी शोषण करता है
ये बनी भोग की वस्तु सिर्फ, अब मुल्य गिराया है इसका
सुन्दर नारी को भोग सके, चिन्तन ऐसा अब है सबका
घर की नारी को छोड़ लोग, बनते जाते हैं व्यभिचारी//

क्यों नर की ऐसी वृत्ति बनी, अब आओ जरा सोच लें हम
क्यों इतनी दबी हुयी नारी, इस पर भी जरा विचार लें हम
क्यों नर की वृत्ति बिगड़ती है, बन जाता है अत्याचारी क्यों
क्यों प्रेम सूख जाता है दिल का, बन जाता है वह दानव क्यों
जब कारण जान सके ठीक-ठीक तब बन सकते हैं ब्रह्मचारी//

जब नारी की पूजा होती थी, तब स्वर्ग धरा कहलाती थी
होते थे वीर महान यहाँ पर, जब नारी देवी कहलाती थी
नर करता था पूजा इसकी, जब वो अनुसुइया सी होती थी
जब प्रेम शुद्ध करते इसमे, तब यह सीता भी कहलाती थी
ये बरसाती थी दिव्य भाव, सबको लगती थी अति प्यारी//

जब हुआ यहाँ सामंतवाद, नारी की कीमत यहाँ कम कर दी
बन गयी भोग की वस्तु सिर्फ, घर के अन्दर बन्द कर दी
नारी बन्दी बन गयी यहाँ, जो आराध्य शक्ति समझी जाती
दब गये भाव सब फिर इसके, फिर वीर कहाँ ये जन पाती

पैदा कम होने लगे वीर यहाँ, सब उजड़ गयी ये फुलवारी है//

फिर स्वार्थी और कमजोर बने, आपस मे सभी लड़े मरे यहाँ पर
सब शक्ति क्षीण कर दी लड़-लड़ कर, न कोई बचा गुणी यहाँ पर
फिर मुगल राज्य यहाँ आकर धमका, न कोई बचा वीर यहाँ पर
सब पराधीन हो गये जब यहाँ पर, नारी तब दबी और यहाँ पर
नारी की कीमत और घटी यहाँ पर, तब लाखों रोई कन्या कुँआरी//

वासना प्रज्वल्लित हुयी नर की फिर टिकता कहाँ प्रेम आधार
बस स्वप्न कक्ष तक रहा प्यार, होने लगे यहाँ नारी व्यापार
पैसे को दिया महत्व गहरा यहाँ, नारी कर दी पर स्वामी वहाँ
ना नारी के गुणों को समझा, पैसे से होने लगी शादी यहाँ
उत्साह मिट गया नारी का, बस यहीं पर उदी एक चिंगारी//

नारी दब कर हो गयी चूर, फिर कैसे बनती जहाँ नूर
जब भाव गिरा नारी का तो कैसे जनती यहाँ वीर शूर
नारी के निर्बल होने से, सन्तान भी दुर्बल हुई यहाँ
सब दुर्बल होने लगे शूर, सारे जन निर्बल हुये यहाँ
जब ब्रिटिश राज्य ने देखा ये तो, राज्य बना सुसंस्कारी//

लेकिन नारी तो नारी थी, वह आध्य शक्ति महतारी थी
देखा जब नर का बुरा हाल, बरसाया उसने करुणा थाल
गाँधी सुभाष को जन्म दिया, नेहरू पटेल भी लिये थाल
आजाद, भगत सिंह उपजा कर, दी नारी ने अहम मिसाल
जब हुआ देश फिर से स्वतन्त्र, जब नारी ने दी हूँकारी//

लेकिन फिर भी ये रही अधीन, नर ने कर दी ये पराधीन
नर ने डाली बेड़ी इसको, बना दिया इसे फिर से उदासीन
ना मिली स्वतन्त्रता पूर्ण इसे, लाखों बन्धन जकड़े इसको
लाखों कन्या जल जाती हैं, फिर ना कोई भी पकड़े इसको
नर तो है पूर्ण स्वतन्त्र यहाँ, फिर पराधीन क्यों है नारी//

नारी स्वतन्त्र हो जाये यदि, सोती नारी जग जाये यदि
कुख्या सारी मिट जाये यदि, नारी देवी बन जाये यदि
भाव नारी का उज्ज्वल हो, तो भाग्य देश का खुल जाये
खोई जो शक्ति हमारी थी, वह हमको फिर से मिल जाये
नारी की पूजा यदि फिर से हो तो, मिट जायेगी विपदा सारी//

फिर से होंगे यहाँ राम कृष्ण, सन्तान बने विद्वान सभी
नारी की पूजा यदि होगी तो, यहाँ प्रगटेंगे भगवान तभी
होगा यदि माँ का भाव दिव्य, तो दिव्य पूत यहाँ उपजेंगे
जब सभ्य बने नारी यहाँ की, तो पूत सभ्य खुद पनपेंगे
नारी समता में आ जाये तो, खुशियों की फूलेगी क्यारी//

गाड़ी घर की भी चले तभी, जब पहिये चले बराबर ह
श्रम शक्ति बचेगी नर की भी, यदि नारी चले बराबर है
यदि हो जाय नारी स्वतन्त्र तो, खुशियां फूटेगी घर-घर में
नारी बरसे बन प्रेम पात्र, मिले सारी शक्ति मन अन्तर में
सतयुग फिर से आ जायेगा, मधुवन यह धरा बने सारी//

हम काट सके जड़ झगड़े की

हम काट सके जड़ झगड़े की, तो लाखों घर आबाद बने
मिट जाये कलह की जड़ तो, फिर क्यों आपस में राड़ ठने//

लड़ने और झगड़ने की जड़, अन्तस में ही पनपती है
हिंसा जो बाहर से दिखती है, वो हमारे भीतर होती है
इंसान स्वार्थों में आकर, अपना ही दुश्मन आप बने//

बन क्रोध काम के वश में जो, एक दूजे को हनना चाहे
सुख भोग और पद लालच में, खुद महाधीस बनना चाहे
जो मानव की चरम उन्नति है, वो महामानव कोई न बने//

यदि सुख होता धन दौलत में तो, बुद्ध ने गद्दी क्यों त्यागी
नारी में सुख होता यदि तो, महावीर, गोपी क्यों भये वेरागी
यदि समझ जाये मन अपना तो, पल भर में सारी बात बने//

यदि अहंकार में जय होती तो, रावण से भूप क्यों मिट जाते
सुलझा लेते जो भीष्म गृह क्लेश तो, सारे कौरव क्यों मरते
होती है विजय विश्व में सदा उसी की, जो दानव इंसान बने//

करता है पाप तू छिप कर, जो परमात्मा से न छिपा सका
देकर तू कष्ट जो दूसरों को, पल भर भी चैन नहीं पा सका
जो रहता सदा सच्चा बन कर के, उसका रक्षक भगवान बने//

हर कर्म बुरा तो बुरा होता है, वो जहर में बुझा छुरा होता है
जो कर्म बुरा नर करता है, वो खाता भव में गोता रहता है
औरों को जो मारते रहते हैं, वो खुद भी अन्त में जाये हने//

यदि चाहते हो सुख जीवन में तो, मन को स्वच्छ बना लेना
मिल जाये भाग्य से सत गुरु तो, चरणों में शीश नवा देना
चाहता है शांति जो अंतर मन में, वो दानव से इंसान बने//

संतो की संगति में रहकर, कुछ समय अपना बिता लेना
आदर्श नीति के वाक्यों को, अपने अन्तस में बिठा लेना
पर हित और जन सेवा से, तुझको सच्चा आनन्द मिले//

सब एक दुजे से प्रेम करें तो, सारी कटुता मिट जायेगी
आनन्दित होकर भारत भू, सब पर ये अमृत बरसायेगी
कट जाएं कलह के फन्दे तो, हर जगह शांति राज चले//

हे देव हिमालय नमस्कार

हे देव हिमालय नमस्कार-2
झुक कर करता हूँ बार-बार हे देव हिमालय नमस्कार//

बन कर भारत का शुभ्र मुकुट, तू युगों से अडिग बना
तू खुद सीमा प्रहरी बनकर, खुद ही रक्षा का कवच बना
भारत के वीर सपूतों को, तू देता रहा सदा अमिट प्यार//

लाखों रत्नों की खानि भरी फिर भी खुद गलता रहता है
देने तू शीतलता हम सबको अनवरत पिघलता रहता है
जन-जन को उज्ज्वल करने को गंगा यमुना की बहे धार//

वन उपवन से शोभित है तू, है रंग बिरंगे फूल खिले
सब देवऋषि वर भी तो, तुझमें ही रह कर धन्य बने
ताप स्थल तू ही एक मात्र, तू है रिद्धि सिद्धि का भंडार//

तू हिम का आलय कहलाता, लेकिन तुझ में तो रत्न भरे
सारे जग से ऊँचा है मस्तक, फिर तेरी समता कौन करे
तुझ में है यमनोत्री गंगोत्री, तुझ में ही है बद्रीनाथ केदार//

खुद शंकर तुझ में रहते हैं, कैलाश और नन्दी वन में
विष्णु भी तप करते रहते हैं, तेरे सतो पंथ बद्री वन में
सारे ऋषि मुनि तुझ में रहते, पाने जीवन का अक्षय सार//

औषधि सारी तुझ में उगती, जन-जन का रोग मिटाने को
तू ही है सारे जग का स्वामी, तेरी महिमा नहीं जाने को
तू ही है भारत का रत्न हार, कितना महान कितना उदार//

हे भारत के वीर पुत्र तुम

हे भारत के वीर पुत्र तुम, क्यों इतने कुम्हलाये
भरी शक्ति इतनी कि ये सारा जग झुक जाये//

जगाओ अपनी शक्ति को, तो नया संचार आयेगा
जीतना सीख ले तू मन को, तभी तू शांति पायेगा
अपनी उलझी गुत्थी को, तू फिर खुद ही सुलझाये
हे भारत के वीर पुत्र तुम, क्यों इतने कुम्हलाये
भरी शक्ति इतनी कि ये सारा जग झुक जाये//

भरी हुयी है शक्ति असीमित, तेरे मन के अन्दर
जब तक भूले शक्ति तभी तक हनुमान थे बन्दर
जब अपनी शक्ति को समझा, जा लंका आग लगाये
हे भारत के वीर पुत्र तुम, क्यों इतने कुम्हलाये
भरी शक्ति इतनी कि ये सारा जग झुक जाये//

करो भावना उज्ज्वल अपनी, मन को भी पवित्र कर लो तुम
परमार्थी जग बनाओ अपने मन को, भाव दिव्य भर लो तुम
तभी दीप अन्तर मन में तेरे, बुझा हुआ जल जाये
हे भारत के वीर पुत्र तुम, क्यों इतने कुम्हलाये
भरी शक्ति इतनी कि ये सारा जग झुक जाये//

अंधकार भागेगा सारा सभी कष्ट मिट जायेंगे
बात सही लो मान हमारी, स्वयं राम घर आयेंगे
वही धन्य बनता है जग में, जो जीवन ज्योति जलाये
हे भारत के वीर पुत्र तुम, क्यों इतने कुम्हलाये
भरी शक्ति इतनी कि ये सारा जग झुक जाये//

हो आध्य शक्ति अवतरण

हो आध्य शक्ति अवतरण, करें यदि हम नारी पूजा
जो देती है नारी हमको, न कोई दे सकता है दूजा//

बड़े बड़े नर रत्न महा वीर नारी ही तो जनती है
हर नर की प्रतिमा शक्ति गोद नारी के पलती है
हर बालक का व्यक्तित्व बने माता के आदर्शों से
हर शिशु का जीवन पलता है जननी के प्राणों से
जैसा था माँ का मन भाव पुत्र भी वैसा ही उपजा//

हीन भावना भर कर, इसका मूल्य गिराओ ना
हैं ये रत्नो की खाने, इसे तुम स्वयं मिटाओ ना
है धन ऐसा कौन, जो इसकी समता कर सकता
कितने करती उपकार न ऋण इसका भर सकता
राम, कृष्ण और महावीर, बनाया इसने ही ईसा//

छोटे और बड़े घर के ये काम सभी करती
महके बालक बन फूल काम ये माली का करती
भोजन में अमृत घोल कर, सबका पालन ये करती
देकर अपना मधु हास, ग्रस सारी थकान करती
क्या कीमत कम है इसकी जो मांगो दहेज इतना//

देती है इतना प्रेम हमको कि नव संसार भरे तन में
सहती है हर दम त्रास न फिर भी ग्लानि करे मन में
फिर भी नर करता जुल्म, न कीमत नारी की समझे
यदि होगी नारी हीन, यहाँ फिर सभ्यता कैसे पनपे
होता है वो नर धन्य, जो कीमत नारी की समझे//

होगा काया कल्प तो मन की भ्रांति मिट जाये

होगा काया कल्प तो मन की भ्रांति मिट जाये
पा जाओगे शांति जो ऐसी क्रान्ति मिट जाये//

भरा हुआ है मैल जो मन में, बाहर कर डालो
पालो अब तो चैन, व्यर्थ के झंझट मत पालो
मानव है बहुमूल्य, जो कीमत इसकी पहचानो
भरे शक्ति भंडार, जरा तुम इनको विकसालों
खोया हुआ समय फिर से तेरे हाथ नहीं आये//

भौतिकता के सुख में ही मत खो देना जीवन को
अन्त समय में सब चतुराई हो जायेगी कली-कली
ना कोई काम आयेगा जब तेरे पास हो मौत खड़ी
धन, दोलत, माया, सब तेरी, यहीं पड़ी रह जायेगी
सारे हितैषी, यार, सब बन्धु, कोई साथ नहीं जायेगा//

भरा हुआ है अंधकार युगों से जो तेरे अन्दर
बना हुआ फिरता है अंधा, तू आँखें भी पाकर
जान बूझ कर अंजान बने ये माया का चक्कर
मृग मरीचिका में फँस कर तू खाता है टक्कर
ये है माया का खेल, न शांति इसमे मिल पाये//

युगो-युगो से धरती पर तुम यूँ चक्कर काट रहे
ना खुद को है कुछ ज्ञान, शब्द सब झूठे वांच रहे
मिले न गुरु की शरण जब-तक, न भ्रांति मिटती है
ना होता निज उर ज्ञान तब तक न क्रांति मिटती है
मिल जाये जो सद्गुरु चरण भक्ति खुद ही हो जाये//